AF227998

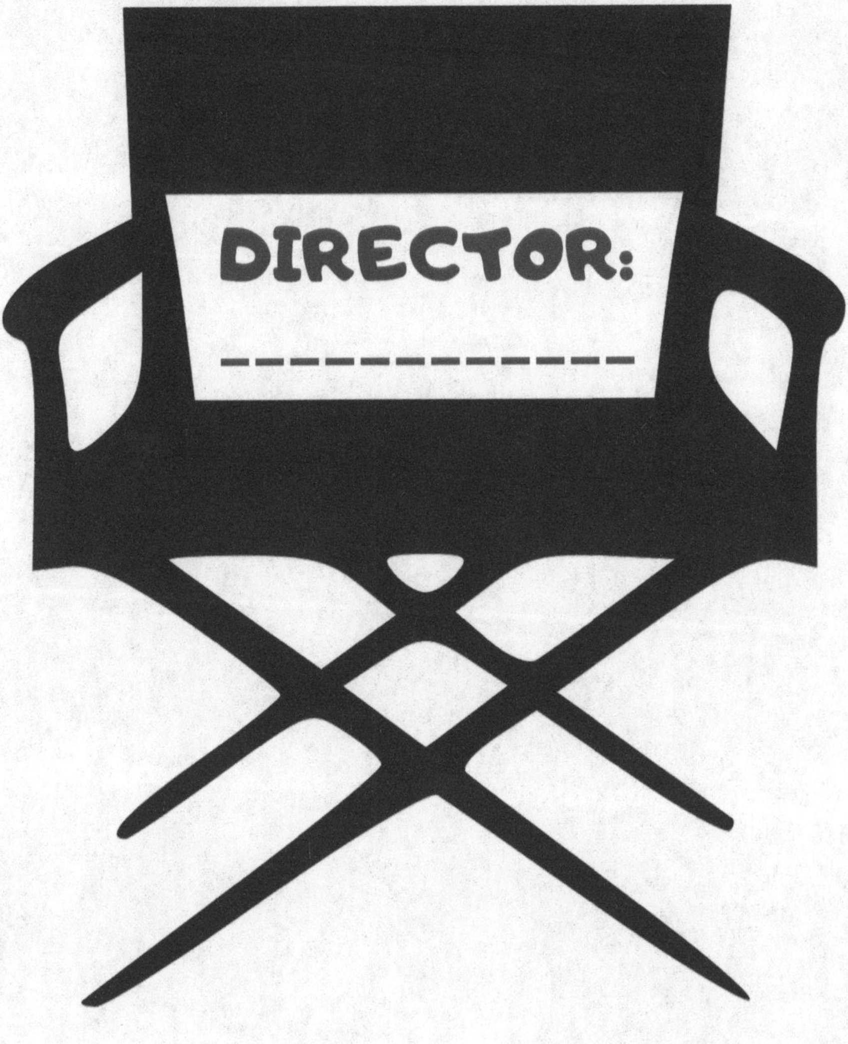

DIRECTOR:

Mi top 100

Calificación

1		
2		
3		
4		
5		
6		
7		
8		
9		
10		
11		
12		
13		
14		
15		
16		
17		
18		
19		
20		

21		
22		
23		
24		
25		
26		
27		
28		
29		
30		
31		
32		
33		
34		
35		
36		
37		
38		
39		
40		

41		
42		
43		
44		
45		
46		
47		
48		
49		
50		
51		
52		
53		
54		
55		
56		
57		
58		
59		
60		

61
62
63
64
65
66
67
68
69
70
71
72
73
74
75
76
77
78
79
80

81
82
83
84
85
86
87
88
89
90
91
92
93
94
95
96
97
98
99
100

TÍTULO: ____

Año: _________ Género: __________ Fecha visionado: __________

Director: ____

☆ ☆ ☆ ☆ ☆

Reparto: ____

____

☆ ☆ ☆ ☆ ☆

Guión: ____

☆ ☆ ☆ ☆ ☆

Fotografía: ____

☆ ☆ ☆ ☆ ☆

Efectos Visuales/Animación ______________________________

☆ ☆ ☆ ☆ ☆

Vestuario: ____

☆ ☆ ☆ ☆ ☆

Banda Sonora: ____

☆ ☆ ☆ ☆ ☆

CALIFICACIÓN FINAL: ☆ ☆ ☆ ☆ ☆ __________ estrellas*

Comentarios: ____

____

____

* Promedio

TÍTULO: _______________________________________

Año: _________   Género: _____________   Fecha visionado: _________

Director: _______________________________________

☆☆☆☆☆

Reparto: _______________________________________

____

☆☆☆☆☆

Guión: _______________________________________

☆☆☆☆☆

Fotografía: _______________________________________

☆☆☆☆☆

Efectos Visuales/Animación _______________________________________

☆☆☆☆☆

Vestuario: _______________________________________

☆☆☆☆☆

Banda Sonora: _______________________________________

☆☆☆☆☆

CALIFICACIÓN FINAL: ☆☆☆☆☆ _________ estrellas

Comentarios: _______________________________________

____

____

____

TÍTULO: ____

Año: __________ **Género:** ______________ **Fecha visionado:** __________

Director: ____

☆☆☆☆☆

Reparto: ____

____

☆☆☆☆☆

Guión: ____

☆☆☆☆☆

Fotografía: ____

☆☆☆☆☆

Efectos Visuales/Animación ____

☆☆☆☆☆

Vestuario: ____

☆☆☆☆☆

Banda Sonora: ____

☆☆☆☆☆

CALIFICACIÓN FINAL: ☆☆☆☆☆ __________ **estrellas**

Comentarios: ____

____

____

____

TÍTULO:____

Año: _________   Género: ______________   Fecha visionado: _________

Director: ____

☆☆☆☆☆

Reparto: ____

____

☆☆☆☆☆

Guión: ____

☆☆☆☆☆

Fotografía: ____

☆☆☆☆☆

Efectos Visuales/Animación ____________________________

☆☆☆☆☆

Vestuario: ____

☆☆☆☆☆

Banda Sonora: ____

☆☆☆☆☆

CALIFICACIÓN FINAL: ☆☆☆☆☆   _________ estrellas

Comentarios:
____

____

____

TÍTULO:____

Año: _______ **Género:** ______________ **Fecha visionado:** _______

Director: ____

☆ ☆ ☆ ☆ ☆

Reparto: ____

____

☆ ☆ ☆ ☆ ☆

Guión: ____

☆ ☆ ☆ ☆ ☆

Fotografía: ____

☆ ☆ ☆ ☆ ☆

Efectos Visuales/Animación_____________________________

☆ ☆ ☆ ☆ ☆

Vestuario: ____

☆ ☆ ☆ ☆ ☆

Banda Sonora: ____

☆ ☆ ☆ ☆ ☆

CALIFICACIÓN FINAL: ☆ ☆ ☆ ☆ ☆ ________ **estrellas**

Comentarios: ____

____

____

____

TÍTULO:

Año: **Género:**   **Fecha visionado:**

Director:

Reparto:

Guión:

Fotografía:

Efectos Visuales/Animación

Vestuario:

Banda Sonora:

CALIFICACIÓN FINAL: __________ **estrellas**

Comentarios:

TÍTULO: _______________________________________

Año: _________ Género: _____________ Fecha visionado: _____________

Director: _______________________________________

☆ ☆ ☆ ☆ ☆

Reparto: _______________________________________

____

☆ ☆ ☆ ☆ ☆

Guión: _______________________________________

☆ ☆ ☆ ☆ ☆

Fotografía: _______________________________________

☆ ☆ ☆ ☆ ☆

Efectos Visuales/Animación _______________________________

☆ ☆ ☆ ☆ ☆

Vestuario: _______________________________________

☆ ☆ ☆ ☆ ☆

Banda Sonora: _______________________________________

☆ ☆ ☆ ☆ ☆

CALIFICACIÓN FINAL: ☆ ☆ ☆ ☆ ☆ _________ estrellas

Comentarios: _______________________________________

____

____

____

TÍTULO: ____

Año: _________ Género: ____________ Fecha visionado: _________

Director: ____

☆ ☆ ☆ ☆ ☆

Reparto: ____

____

☆ ☆ ☆ ☆ ☆

Guión: ____

☆ ☆ ☆ ☆ ☆

Fotografía: ____

☆ ☆ ☆ ☆ ☆

Efectos Visuales/Animación _______________________________

☆ ☆ ☆ ☆ ☆

Vestuario: ____

☆ ☆ ☆ ☆ ☆

Banda Sonora: ____

☆ ☆ ☆ ☆ ☆

CALIFICACIÓN FINAL: ☆ ☆ ☆ ☆ ☆ _________ estrellas

Comentarios: ____

____

____

____

TÍTULO: ____

Año: __________ **Género:** ____________ **Fecha visionado:** __________

Director: ____________________________________

☆ ☆ ☆ ☆ ☆

Reparto: ____________________________________

____

☆ ☆ ☆ ☆ ☆

Guión: ______________________________________

☆ ☆ ☆ ☆ ☆

Fotografía: __________________________________

☆ ☆ ☆ ☆ ☆

Efectos Visuales/Animación __________________

☆ ☆ ☆ ☆ ☆

Vestuario: __________________________________

☆ ☆ ☆ ☆ ☆

Banda Sonora: ______________________________

☆ ☆ ☆ ☆ ☆

CALIFICACIÓN FINAL: ☆ ☆ ☆ ☆ ☆ __________ **estrellas**

Comentarios: ________________________________

____

____

____

TÍTULO: _______________________________________

Año: _________ Género: _____________ Fecha visionado: _________

Director: ______________________________________
☆☆☆☆☆

Reparto: _______________________________________

____
☆☆☆☆☆

Guión: ____
☆☆☆☆☆

Fotografía: _____________________________________
☆☆☆☆☆

Efectos Visuales/Animación ______________________
☆☆☆☆☆

Vestuario: _____________________________________
☆☆☆☆☆

Banda Sonora: __________________________________
☆☆☆☆☆

CALIFICACIÓN FINAL: ☆☆☆☆☆ _________ estrellas

Comentarios:
____
____
____

TÍTULO: _______________________________________

Año: _________ Género: _____________ Fecha visionado: _________

Director: _______________________________________

☆ ☆ ☆ ☆ ☆

Reparto: _______________________________________

____

☆ ☆ ☆ ☆ ☆

Guión: _______________________________________

☆ ☆ ☆ ☆ ☆

Fotografía: _______________________________________

☆ ☆ ☆ ☆ ☆

Efectos Visuales/Animación _______________________________________

☆ ☆ ☆ ☆ ☆

Vestuario: _______________________________________

☆ ☆ ☆ ☆ ☆

Banda Sonora: _______________________________________

☆ ☆ ☆ ☆ ☆

CALIFICACIÓN FINAL: ☆ ☆ ☆ ☆ ☆ _________ estrellas

Comentarios: _______________________________________

____

____

____

TÍTULO: ____

Año: _________ **Género:** _____________ **Fecha visionado:** _________

Director: _____________________________________

☆ ☆ ☆ ☆ ☆

Reparto: ______________________________________

____

☆ ☆ ☆ ☆ ☆

Guión: ____

☆ ☆ ☆ ☆ ☆

Fotografía: ____________________________________

☆ ☆ ☆ ☆ ☆

Efectos Visuales/Animación ______________________

☆ ☆ ☆ ☆ ☆

Vestuario: _____________________________________

☆ ☆ ☆ ☆ ☆

Banda Sonora: _________________________________

☆ ☆ ☆ ☆ ☆

CALIFICACIÓN FINAL: ☆ ☆ ☆ ☆ ☆ _________ **estrellas**

Comentarios: ___________________________________

____

____

____

TÍTULO: ____

Año: _________ Género: _____________ Fecha visionado: ____________

Director: ____

☆ ☆ ☆ ☆ ☆

Reparto: ____

____

☆ ☆ ☆ ☆ ☆

Guión: ____

☆ ☆ ☆ ☆ ☆

Fotografía: ____

☆ ☆ ☆ ☆ ☆

Efectos Visuales/Animación ________________________

☆ ☆ ☆ ☆ ☆

Vestuario: ____

☆ ☆ ☆ ☆ ☆

Banda Sonora: ______________________________________

☆ ☆ ☆ ☆ ☆

CALIFICACIÓN FINAL: ☆ ☆ ☆ ☆ ☆ __________ estrellas

Comentarios: _______________________________________

____

____

____

TÍTULO: ____

Año: _________ Género: _______________ Fecha visionado: _________

Director: ____

☆☆☆☆☆

Reparto: ____

____

☆☆☆☆☆

Guión: ____

☆☆☆☆☆

Fotografía: ____

☆☆☆☆☆

Efectos Visuales/Animación ____

☆☆☆☆☆

Vestuario: ____

☆☆☆☆☆

Banda Sonora: ____

☆☆☆☆☆

CALIFICACIÓN FINAL: ☆☆☆☆☆ _________ estrellas

Comentarios: ____

____

____

TÍTULO: ____

Año: _______ **Género:** _____________ **Fecha visionado:** _______

Director: ____

☆ ☆ ☆ ☆ ☆

Reparto: ____

____

☆ ☆ ☆ ☆ ☆

Guión: ____

☆ ☆ ☆ ☆ ☆

Fotografía: ____

☆ ☆ ☆ ☆ ☆

Efectos Visuales/Animación ____________________________

☆ ☆ ☆ ☆ ☆

Vestuario: ____

☆ ☆ ☆ ☆ ☆

Banda Sonora: ____

☆ ☆ ☆ ☆ ☆

CALIFICACIÓN FINAL: ☆ ☆ ☆ ☆ ☆ _______ **estrellas**

Comentarios: ____

____

____

____

TÍTULO: _______________________________________

Año: _______ Género: _____________ Fecha visionado: __________

Director: ______________________________________

☆☆☆☆☆

Reparto: _______________________________________

____

☆☆☆☆☆

Guión: ____

☆☆☆☆☆

Fotografía: _____________________________________

☆☆☆☆☆

Efectos Visuales/Animación _____________________

☆☆☆☆☆

Vestuario: ______________________________________

☆☆☆☆☆

Banda Sonora: __________________________________

☆☆☆☆☆

CALIFICACIÓN FINAL: ☆☆☆☆☆ __________ estrellas

Comentarios:
____
____
____

TÍTULO: ___________________

Año: _______ **Género:** _____________ **Fecha visionado:** __________

Director: _______________________

Reparto: _______________________
____

Guión: _______________________

Fotografía: _______________________

Efectos Visuales/Animación _______________________

Vestuario: _______________________

Banda Sonora: _______________________

CALIFICACIÓN FINAL: ⛤ ⛤ ⛤ ⛤ ⛤ __________ **estrellas**

Comentarios: _______________________
____
____
____

TÍTULO: _______________________________________

Año: __________ Género: ______________ Fecha visionado: __________

Director: ______________________________________

☆ ☆ ☆ ☆ ☆

Reparto: _______________________________________

____

☆ ☆ ☆ ☆ ☆

Guión: ____

☆ ☆ ☆ ☆ ☆

Fotografía: _____________________________________

☆ ☆ ☆ ☆ ☆

Efectos Visuales/Animación _____________________

☆ ☆ ☆ ☆ ☆

Vestuario: ______________________________________

☆ ☆ ☆ ☆ ☆

Banda Sonora: __________________________________

☆ ☆ ☆ ☆ ☆

CALIFICACIÓN FINAL: ☆ ☆ ☆ ☆ ☆ __________ estrellas

Comentarios:

____

____

____

TÍTULO: ____

Año: __________ Género: __________ Fecha visionado: __________

Director: ____

☆☆☆☆☆

Reparto: ____

____

☆☆☆☆☆

Guión: ____

☆☆☆☆☆

Fotografía: ____

☆☆☆☆☆

Efectos Visuales/Animación _______________________________

☆☆☆☆☆

Vestuario: ____

☆☆☆☆☆

Banda Sonora: ____

☆☆☆☆☆

CALIFICACIÓN FINAL: ☆☆☆☆☆ __________ estrellas

Comentarios: ____

____

____

____

TÍTULO: _______________________________________

Año: __________ Género: ________________ Fecha visionado: __________

Director: _______________________________________

☆ ☆ ☆ ☆ ☆

Reparto: _______________________________________

____

☆ ☆ ☆ ☆ ☆

Guión: _______________________________________

☆ ☆ ☆ ☆ ☆

Fotografía: _______________________________________

☆ ☆ ☆ ☆ ☆

Efectos Visuales/Animación _______________________________

☆ ☆ ☆ ☆ ☆

Vestuario: _______________________________________

☆ ☆ ☆ ☆ ☆

Banda Sonora: _______________________________________

☆ ☆ ☆ ☆ ☆

CALIFICACIÓN FINAL: ☆ ☆ ☆ ☆ ☆ __________ estrellas

Comentarios: _______________________________________

____

____

____

TÍTULO: ____

Año: _______ **Género:** _______ **Fecha visionado:** _______

Director: ____

☆☆☆☆☆

Reparto: ____

____

☆☆☆☆☆

Guión: ____

☆☆☆☆☆

Fotografía: ____

☆☆☆☆☆

Efectos Visuales/Animación _______________________________

☆☆☆☆☆

Vestuario: ____

☆☆☆☆☆

Banda Sonora: ____

☆☆☆☆☆

CALIFICACIÓN FINAL: ☆☆☆☆☆ _______ **estrellas**

Comentarios: ____

____

____

____

TÍTULO:____

Año: _______ Género: __________ Fecha visionado: __________

Director:____

☆ ☆ ☆ ☆ ☆

Reparto: ____

____

☆ ☆ ☆ ☆ ☆

Guión: ____

☆ ☆ ☆ ☆ ☆

Fotografía: ____

☆ ☆ ☆ ☆ ☆

Efectos Visuales/Animación ________________________________

☆ ☆ ☆ ☆ ☆

Vestuario: ____

☆ ☆ ☆ ☆ ☆

Banda Sonora: ____

☆ ☆ ☆ ☆ ☆

CALIFICACIÓN FINAL: ☆ ☆ ☆ ☆ ☆ __________ estrellas

Comentarios:
____

____

____

TÍTULO: ____

Año: __________ Género: ________________ Fecha visionado: __________

Director: ____
☆ ☆ ☆ ☆ ☆

Reparto: ____
____
☆ ☆ ☆ ☆ ☆

Guión: ____
☆ ☆ ☆ ☆ ☆

Fotografía: ____
☆ ☆ ☆ ☆ ☆

Efectos Visuales/Animación ___________________________________
☆ ☆ ☆ ☆ ☆

Vestuario: ____
☆ ☆ ☆ ☆ ☆

Banda Sonora: ____
☆ ☆ ☆ ☆ ☆

CALIFICACIÓN FINAL: ☆ ☆ ☆ ☆ ☆ __________ estrellas

Comentarios: ____
____
____
____

TÍTULO: _______________________________________

Año: _________   **Género:** _________   **Fecha visionado:** _________

Director: _______________________________________

☆ ☆ ☆ ☆ ☆

Reparto: _______________________________________

____

☆ ☆ ☆ ☆ ☆

Guión: _______________________________________

☆ ☆ ☆ ☆ ☆

Fotografía: _______________________________________

☆ ☆ ☆ ☆ ☆

Efectos Visuales/Animación _______________________________________

☆ ☆ ☆ ☆ ☆

Vestuario: _______________________________________

☆ ☆ ☆ ☆ ☆

Banda Sonora: _______________________________________

☆ ☆ ☆ ☆ ☆

CALIFICACIÓN FINAL: ☆ ☆ ☆ ☆ ☆   _________ **estrellas**

Comentarios: _______________________________________

____

____

TÍTULO: ____

Año: _________ Género: _____________ Fecha visionado: _________

Director: ____

☆☆☆☆☆

Reparto: ____

____

☆☆☆☆☆

Guión: ____

☆☆☆☆☆

Fotografía: ____

☆☆☆☆☆

Efectos Visuales/Animación _______________________________

☆☆☆☆☆

Vestuario: ____

☆☆☆☆☆

Banda Sonora: ____

☆☆☆☆☆

CALIFICACIÓN FINAL: ☆☆☆☆☆ _________ estrellas

Comentarios: ____

____

____

____

TÍTULO: ____

Año: ________ **Género:** __________ **Fecha visionado:** ________

Director: ____

☆ ☆ ☆ ☆ ☆

Reparto: ____

____

☆ ☆ ☆ ☆ ☆

Guión: ____

☆ ☆ ☆ ☆ ☆

Fotografía: ____

☆ ☆ ☆ ☆ ☆

Efectos Visuales/Animación _________________________

☆ ☆ ☆ ☆ ☆

Vestuario: ____

☆ ☆ ☆ ☆ ☆

Banda Sonora: ______________________________________

☆ ☆ ☆ ☆ ☆

CALIFICACIÓN FINAL: ☆ ☆ ☆ ☆ ☆ __________ **estrellas**

Comentarios: _______________________________________

____

____

____

TÍTULO: ____

Año: _______ **Género:** _____________ **Fecha visionado:** _______

Director: ____

☆ ☆ ☆ ☆ ☆

Reparto: ____

____

☆ ☆ ☆ ☆ ☆

Guión: ____

☆ ☆ ☆ ☆ ☆

Fotografía: ____

☆ ☆ ☆ ☆ ☆

Efectos Visuales/Animación ____________________________

☆ ☆ ☆ ☆ ☆

Vestuario: ____

☆ ☆ ☆ ☆ ☆

Banda Sonora: ____

☆ ☆ ☆ ☆ ☆

CALIFICACIÓN FINAL: ☆ ☆ ☆ ☆ ☆ _____________ **estrellas**

Comentarios:

____

____

____

____

TÍTULO: ____

Año: _________ **Género:** _____________ **Fecha visionado:** _________

Director: ____

☆ ☆ ☆ ☆ ☆

Reparto: ____

____

☆ ☆ ☆ ☆ ☆

Guión: ____

☆ ☆ ☆ ☆ ☆

Fotografía: ______________________________________

☆ ☆ ☆ ☆ ☆

Efectos Visuales/Animación _______________________

☆ ☆ ☆ ☆ ☆

Vestuario: _______________________________________

☆ ☆ ☆ ☆ ☆

Banda Sonora: ____________________________________

☆ ☆ ☆ ☆ ☆

CALIFICACIÓN FINAL: ☆ ☆ ☆ ☆ ☆ _________ estrellas

Comentarios: _____________________________________

____

____

____

TÍTULO:_______________________________________

Año: __________ Género: _______________ Fecha visionado: __________

Director: _______________________________________

☆ ☆ ☆ ☆ ☆

Reparto: _______________________________________

____

☆ ☆ ☆ ☆ ☆

Guión: _______________________________________

☆ ☆ ☆ ☆ ☆

Fotografía: _______________________________________

☆ ☆ ☆ ☆ ☆

Efectos Visuales/Animación_______________________________

☆ ☆ ☆ ☆ ☆

Vestuario: _______________________________________

☆ ☆ ☆ ☆ ☆

Banda Sonora:_______________________________________

☆ ☆ ☆ ☆ ☆

CALIFICACIÓN FINAL: ☆ ☆ ☆ ☆ ☆ __________ estrellas

Comentarios:

____

____

____

TÍTULO: ____

Año: _________ Género: _____________ Fecha visionado: _________

Director: ____

☆ ☆ ☆ ☆ ☆

Reparto: ____

____

☆ ☆ ☆ ☆ ☆

Guión: ____

☆ ☆ ☆ ☆ ☆

Fotografía: ____

☆ ☆ ☆ ☆ ☆

Efectos Visuales/Animación_____________________________

☆ ☆ ☆ ☆ ☆

Vestuario: ____

☆ ☆ ☆ ☆ ☆

Banda Sonora: ____

☆ ☆ ☆ ☆ ☆

CALIFICACIÓN FINAL: ☆ ☆ ☆ ☆ ☆ _________ estrellas

Comentarios: ____

____

____

TÍTULO: ____

Año: _________ **Género:** _____________ **Fecha visionado:** _____________

Director: ____

☆ ☆ ☆ ☆ ☆

Reparto: ____

____

☆ ☆ ☆ ☆ ☆

Guión: ____

☆ ☆ ☆ ☆ ☆

Fotografía: ____

☆ ☆ ☆ ☆ ☆

Efectos Visuales/Animación _______________________________

☆ ☆ ☆ ☆ ☆

Vestuario: ____

☆ ☆ ☆ ☆ ☆

Banda Sonora: ____

☆ ☆ ☆ ☆ ☆

CALIFICACIÓN FINAL: ☆ ☆ ☆ ☆ ☆ _________ **estrellas**

Comentarios: ____

____

____

____

TÍTULO: _______________________________________

Año: _______ Género: _______________ Fecha visionado: _______

Director: _______________________________________

☆ ☆ ☆ ☆ ☆

Reparto: _______________________________________

____

☆ ☆ ☆ ☆ ☆

Guión: _______________________________________

☆ ☆ ☆ ☆ ☆

Fotografía: _______________________________________

☆ ☆ ☆ ☆ ☆

Efectos Visuales/Animación _______________________________________

☆ ☆ ☆ ☆ ☆

Vestuario: _______________________________________

☆ ☆ ☆ ☆ ☆

Banda Sonora: _______________________________________

☆ ☆ ☆ ☆ ☆

CALIFICACIÓN FINAL: ☆ ☆ ☆ ☆ ☆ _______ estrellas

Comentarios: _______________________________________

____

____

____

TÍTULO: ____

Año: _________ Género: _____________ Fecha visionado: _________

Director: ____

☆ ☆ ☆ ☆ ☆

Reparto: ____

____

☆ ☆ ☆ ☆ ☆

Guión: ____

☆ ☆ ☆ ☆ ☆

Fotografía: ____

☆ ☆ ☆ ☆ ☆

Efectos Visuales/Animación ____________________________

☆ ☆ ☆ ☆ ☆

Vestuario: ____

☆ ☆ ☆ ☆ ☆

Banda Sonora: ____

☆ ☆ ☆ ☆ ☆

CALIFICACIÓN FINAL: ☆ ☆ ☆ ☆ ☆ _________ estrellas

Comentarios: ____

____

____

____

TÍTULO: ____

Año: _________ Género: _____________ Fecha visionado: _________

Director: ____

☆ ☆ ☆ ☆ ☆

Reparto: ____

____

☆ ☆ ☆ ☆ ☆

Guión: ____

☆ ☆ ☆ ☆ ☆

Fotografía: ____

☆ ☆ ☆ ☆ ☆

Efectos Visuales/Animación _____________________________

☆ ☆ ☆ ☆ ☆

Vestuario: ____

☆ ☆ ☆ ☆ ☆

Banda Sonora: ____

☆ ☆ ☆ ☆ ☆

CALIFICACIÓN FINAL: ☆ ☆ ☆ ☆ ☆ _________ estrellas

Comentarios: ____

____

____

____

TÍTULO: _______________________________________

Año: _______ Género: ___________ Fecha visionado: _______

Director: _______________________________________

☆ ☆ ☆ ☆ ☆

Reparto: _______________________________________

____

☆ ☆ ☆ ☆ ☆

Guión: _______________________________________

☆ ☆ ☆ ☆ ☆

Fotografía: _______________________________________

☆ ☆ ☆ ☆ ☆

Efectos Visuales/Animación _______________________

☆ ☆ ☆ ☆ ☆

Vestuario: _______________________________________

☆ ☆ ☆ ☆ ☆

Banda Sonora: ___________________________________

☆ ☆ ☆ ☆ ☆

CALIFICACIÓN FINAL: ☆ ☆ ☆ ☆ ☆ _______ estrellas

Comentarios: _____________________________________

____

____

____

TÍTULO:

Año: **Género:** **Fecha visionado:**

Director:

☆ ☆ ☆ ☆ ☆

Reparto:

☆ ☆ ☆ ☆ ☆

Guión:

☆ ☆ ☆ ☆ ☆

Fotografía:

☆ ☆ ☆ ☆ ☆

Efectos Visuales/Animación

☆ ☆ ☆ ☆ ☆

Vestuario:

☆ ☆ ☆ ☆ ☆

Banda Sonora:

☆ ☆ ☆ ☆ ☆

CALIFICACIÓN FINAL: ☆ ☆ ☆ ☆ ☆ **estrellas**

Comentarios:

TÍTULO: ____

Año: ________ **Género:** ____________ **Fecha visionado:** ____________

Director: ____

☆ ☆ ☆ ☆ ☆

Reparto: ____

☆ ☆ ☆ ☆ ☆

Guión: ____

☆ ☆ ☆ ☆ ☆

Fotografía: ____

☆ ☆ ☆ ☆ ☆

Efectos Visuales/Animación ______________________________

☆ ☆ ☆ ☆ ☆

Vestuario: ____

☆ ☆ ☆ ☆ ☆

Banda Sonora: ____

☆ ☆ ☆ ☆ ☆

CALIFICACIÓN FINAL: ☆ ☆ ☆ ☆ ☆ __________ **estrellas**

Comentarios:

____

____

____

____

TÍTULO: ____

Año: _________ Género: _____________ Fecha visionado: _________

Director: ____

☆ ☆ ☆ ☆ ☆

Reparto: ____

____

☆ ☆ ☆ ☆ ☆

Guión: ____

☆ ☆ ☆ ☆ ☆

Fotografía: ____

☆ ☆ ☆ ☆ ☆

Efectos Visuales/Animación ______________________________

☆ ☆ ☆ ☆ ☆

Vestuario: ____

☆ ☆ ☆ ☆ ☆

Banda Sonora: ____

☆ ☆ ☆ ☆ ☆

CALIFICACIÓN FINAL: ☆ ☆ ☆ ☆ ☆ _________ estrellas

Comentarios: ____

____

____

____

TÍTULO: ____

Año: ________ **Género:** __________ **Fecha visionado:** ________

Director: ____
☆ ☆ ☆ ☆ ☆

Reparto: ____
____
☆ ☆ ☆ ☆ ☆

Guión: ____
☆ ☆ ☆ ☆ ☆

Fotografía: ____
☆ ☆ ☆ ☆ ☆

Efectos Visuales/Animación ____________________________
☆ ☆ ☆ ☆ ☆

Vestuario: ____
☆ ☆ ☆ ☆ ☆

Banda Sonora: ____
☆ ☆ ☆ ☆ ☆

CALIFICACIÓN FINAL: ☆ ☆ ☆ ☆ ☆ __________ **estrellas**

Comentarios:
____
____
____
____

TÍTULO: _______________________________________

Año: _________ Género: ____________ Fecha visionado: _________

Director: _______________________________________
☆☆☆☆☆

Reparto: _______________________________________
____
☆☆☆☆☆

Guión: _______________________________________
☆☆☆☆☆

Fotografía: _______________________________________
☆☆☆☆☆

Efectos Visuales/Animación _______________________________________
☆☆☆☆☆

Vestuario: _______________________________________
☆☆☆☆☆

Banda Sonora: _______________________________________
☆☆☆☆☆

CALIFICACIÓN FINAL: ☆☆☆☆☆ _________ estrellas

Comentarios: _______________________________________
____
____
____

TÍTULO: ____

Año: _________   Género: _____________   Fecha visionado: _________

Director: ____

☆ ☆ ☆ ☆ ☆

Reparto: ____

____

☆ ☆ ☆ ☆ ☆

Guión: ____

☆ ☆ ☆ ☆ ☆

Fotografía: ____

☆ ☆ ☆ ☆ ☆

Efectos Visuales/Animación _______________________________

☆ ☆ ☆ ☆ ☆

Vestuario: ____

☆ ☆ ☆ ☆ ☆

Banda Sonora: ____

☆ ☆ ☆ ☆ ☆

CALIFICACIÓN FINAL: ☆ ☆ ☆ ☆ ☆   _________ estrellas

Comentarios: ____

____

____

____

TÍTULO: ....

Año: .... Género: .... Fecha visionado: ....

Director: ....

☆ ☆ ☆ ☆ ☆

Reparto: ....

....

☆ ☆ ☆ ☆ ☆

Guión: ....

☆ ☆ ☆ ☆ ☆

Fotografía: ....

☆ ☆ ☆ ☆ ☆

Efectos Visuales/Animación ....

☆ ☆ ☆ ☆ ☆

Vestuario: ....

☆ ☆ ☆ ☆ ☆

Banda Sonora: ....

☆ ☆ ☆ ☆ ☆

CALIFICACIÓN FINAL: ☆ ☆ ☆ ☆ ☆ ________ estrellas

Comentarios:

....

....

....

....

TÍTULO: ____

Año: __________ Género: __________ Fecha visionado: __________

Director: ____

☆ ☆ ☆ ☆ ☆

Reparto: ____

____

☆ ☆ ☆ ☆ ☆

Guión: ____

☆ ☆ ☆ ☆ ☆

Fotografía: ____

☆ ☆ ☆ ☆ ☆

Efectos Visuales/Animación ____

☆ ☆ ☆ ☆ ☆

Vestuario: ____

☆ ☆ ☆ ☆ ☆

Banda Sonora: ____

☆ ☆ ☆ ☆ ☆

CALIFICACIÓN FINAL: ☆ ☆ ☆ ☆ ☆ __________ estrellas

Comentarios: ____

____

____

TÍTULO: ____

Año: _________ Género: _____________ Fecha visionado: _________

Director: ____

☆ ☆ ☆ ☆ ☆

Reparto: ____

____

☆ ☆ ☆ ☆ ☆

Guión: ____

☆ ☆ ☆ ☆ ☆

Fotografía: ____

☆ ☆ ☆ ☆ ☆

Efectos Visuales/Animación ____________________________

☆ ☆ ☆ ☆ ☆

Vestuario: ____

☆ ☆ ☆ ☆ ☆

Banda Sonora: ____

☆ ☆ ☆ ☆ ☆

CALIFICACIÓN FINAL: ☆ ☆ ☆ ☆ ☆ _________ estrellas

Comentarios:

____

____

____

TÍTULO: ____

Año: _________ Género: _____________ Fecha visionado: _________

Director: ____

☆ ☆ ☆ ☆ ☆

Reparto: ____

____

☆ ☆ ☆ ☆ ☆

Guión: ____

☆ ☆ ☆ ☆ ☆

Fotografía: ____

☆ ☆ ☆ ☆ ☆

Efectos Visuales/Animación _______________________________

☆ ☆ ☆ ☆ ☆

Vestuario: ____

☆ ☆ ☆ ☆ ☆

Banda Sonora: ____

☆ ☆ ☆ ☆ ☆

CALIFICACIÓN FINAL: ☆ ☆ ☆ ☆ ☆ _________ estrellas

Comentarios: ____

____

____

____

TÍTULO:______________________________________

Año: ________ Género: ____________ Fecha visionado: ________

Director:______________________________________

Reparto: ______________________________________

____

Guión: ______________________________________

Fotografía: ______________________________________

Efectos Visuales/Animación______________________________________

Vestuario: ______________________________________

Banda Sonora:______________________________________

CALIFICACIÓN FINAL: ☆☆☆☆☆ ________ estrellas

Comentarios:

____

____

____

TÍTULO:

Año: ________ Género: __________ Fecha visionado: ________

Director:

☆ ☆ ☆ ☆ ☆

Reparto:

☆ ☆ ☆ ☆ ☆

Guión:

☆ ☆ ☆ ☆ ☆

Fotografía:

☆ ☆ ☆ ☆ ☆

Efectos Visuales/Animación

☆ ☆ ☆ ☆ ☆

Vestuario:

☆ ☆ ☆ ☆ ☆

Banda Sonora:

☆ ☆ ☆ ☆ ☆

CALIFICACIÓN FINAL: ☆ ☆ ☆ ☆ ☆ _______ estrellas

Comentarios:

TÍTULO: ____

Año: _________ Género: _____________ Fecha visionado: _________

Director: ____

☆ ☆ ☆ ☆ ☆

Reparto: ____

____

☆ ☆ ☆ ☆ ☆

Guión: ____

☆ ☆ ☆ ☆ ☆

Fotografía: ____

☆ ☆ ☆ ☆ ☆

Efectos Visuales/Animación ____________________________

☆ ☆ ☆ ☆ ☆

Vestuario: ____

☆ ☆ ☆ ☆ ☆

Banda Sonora: ____

☆ ☆ ☆ ☆ ☆

CALIFICACIÓN FINAL: ☆ ☆ ☆ ☆ ☆ _________ estrellas

Comentarios: ____

____

____

____

TÍTULO: _______________________________________

Año: _________ Género: _________ Fecha visionado: _________

Director: _______________________________________

☆☆☆☆☆

Reparto: _______________________________________

____

☆☆☆☆☆

Guión: _______________________________________

☆☆☆☆☆

Fotografía: _______________________________________

☆☆☆☆☆

Efectos Visuales/Animación _______________________________________

☆☆☆☆☆

Vestuario: _______________________________________

☆☆☆☆☆

Banda Sonora: _______________________________________

☆☆☆☆☆

CALIFICACIÓN FINAL: ☆☆☆☆☆ _________ estrellas

Comentarios:

____

____

____

____

TÍTULO: ____

Año: _________ **Género:** _______________ **Fecha visionado:** _________

Director: ____

☆ ☆ ☆ ☆ ☆

Reparto: ____

____

☆ ☆ ☆ ☆ ☆

Guión: ____

☆ ☆ ☆ ☆ ☆

Fotografía: ____

☆ ☆ ☆ ☆ ☆

Efectos Visuales/Animación _____________________________

☆ ☆ ☆ ☆ ☆

Vestuario: ____

☆ ☆ ☆ ☆ ☆

Banda Sonora: ____

☆ ☆ ☆ ☆ ☆

CALIFICACIÓN FINAL: ☆ ☆ ☆ ☆ ☆ _________ **estrellas**

Comentarios: ____

____

____

____

TÍTULO: ____

Año: _________ **Género:** _____________ **Fecha visionado:** _________

Director: ____

☆ ☆ ☆ ☆ ☆

Reparto: ____

____

☆ ☆ ☆ ☆ ☆

Guión: ____

☆ ☆ ☆ ☆ ☆

Fotografía: ____

☆ ☆ ☆ ☆ ☆

Efectos Visuales/Animación ___________________________

☆ ☆ ☆ ☆ ☆

Vestuario: ____

☆ ☆ ☆ ☆ ☆

Banda Sonora: ____

☆ ☆ ☆ ☆ ☆

CALIFICACIÓN FINAL: ☆ ☆ ☆ ☆ ☆ _________ **estrellas**

Comentarios:

____

____

____

____

TÍTULO: ____

Año: _______ Género: __________ Fecha visionado: _______

Director: ____

☆ ☆ ☆ ☆ ☆

Reparto: ____

____

☆ ☆ ☆ ☆ ☆

Guión: ____

☆ ☆ ☆ ☆ ☆

Fotografía: ____

☆ ☆ ☆ ☆ ☆

Efectos Visuales/Animación _____________________________

☆ ☆ ☆ ☆ ☆

Vestuario: ____

☆ ☆ ☆ ☆ ☆

Banda Sonora: ____

☆ ☆ ☆ ☆ ☆

CALIFICACIÓN FINAL: ☆ ☆ ☆ ☆ ☆ _______ estrellas

Comentarios: ____

____

____

____

TÍTULO: ____

Año: _________ **Género:** _______________ **Fecha visionado:** _________

Director: ____

☆ ☆ ☆ ☆ ☆

Reparto: ____

____

☆ ☆ ☆ ☆ ☆

Guión: ____

☆ ☆ ☆ ☆ ☆

Fotografía: ____

☆ ☆ ☆ ☆ ☆

Efectos Visuales/Animación ______________________________

☆ ☆ ☆ ☆ ☆

Vestuario: ____

☆ ☆ ☆ ☆ ☆

Banda Sonora: ____

☆ ☆ ☆ ☆ ☆

CALIFICACIÓN FINAL: ☆ ☆ ☆ ☆ ☆ _________ **estrellas**

Comentarios: ____

____

____

____

TÍTULO: ____

Año: _________ **Género:** __________ **Fecha visionado:** _________

Director: ____

☆ ☆ ☆ ☆ ☆

Reparto: ____

____

☆ ☆ ☆ ☆ ☆

Guión: ____

☆ ☆ ☆ ☆ ☆

Fotografía: ____

☆ ☆ ☆ ☆ ☆

Efectos Visuales/Animación ___________________________

☆ ☆ ☆ ☆ ☆

Vestuario: ____

☆ ☆ ☆ ☆ ☆

Banda Sonora: ____

☆ ☆ ☆ ☆ ☆

CALIFICACIÓN FINAL: ☆ ☆ ☆ ☆ ☆ _________ **estrellas**

Comentarios: ____

____

____

TÍTULO: ____

Año: ________ **Género:** ____________ **Fecha visionado:** __________

Director: ____

☆☆☆☆☆

Reparto: ____

____

☆☆☆☆☆

Guión: ____

☆☆☆☆☆

Fotografía: ____

☆☆☆☆☆

Efectos Visuales/Animación ____

☆☆☆☆☆

Vestuario: ____

☆☆☆☆☆

Banda Sonora: ____

☆☆☆☆☆

CALIFICACIÓN FINAL: ☆☆☆☆☆ __________ estrellas

Comentarios: ____

____

____

____

TÍTULO: ____

Año: __________ **Género:** __________________ **Fecha visionado:** __________

Director: ____

☆☆☆☆☆

Reparto: ____

____

☆☆☆☆☆

Guión: ____

☆☆☆☆☆

Fotografía: ____

☆☆☆☆☆

Efectos Visuales/Animación ______________________________

☆☆☆☆☆

Vestuario: ____

☆☆☆☆☆

Banda Sonora: ____

☆☆☆☆☆

CALIFICACIÓN FINAL: ☆☆☆☆☆ __________ **estrellas**

Comentarios:
____
____
____
____

TÍTULO: ____

Año: _________ Género: ______________ Fecha visionado: __________

Director: ____

☆☆☆☆☆

Reparto: ____

____

☆☆☆☆☆

Guión: ____

☆☆☆☆☆

Fotografía: ____

☆☆☆☆☆

Efectos Visuales/Animación _______________________________

☆☆☆☆☆

Vestuario: ____

☆☆☆☆☆

Banda Sonora: ____

☆☆☆☆☆

CALIFICACIÓN FINAL: ☆☆☆☆☆ __________ estrellas

Comentarios:

____

____

____

____

TÍTULO: ____

Año: _________ Género: _____________ Fecha visionado: _________

Director: ____

☆☆☆☆☆

Reparto: ____

____

☆☆☆☆☆

Guión: ____

☆☆☆☆☆

Fotografía: ____

☆☆☆☆☆

Efectos Visuales/Animación ____

☆☆☆☆☆

Vestuario: ____

☆☆☆☆☆

Banda Sonora: ____

☆☆☆☆☆

CALIFICACIÓN FINAL: ☆☆☆☆☆ _________ estrellas

Comentarios:

____

____

____

TÍTULO: _______________________________

Año: _______ **Género:** _________ **Fecha visionado:** _______

Director: _______________________________

☆ ☆ ☆ ☆ ☆

Reparto: _______________________________

____

☆ ☆ ☆ ☆ ☆

Guión: _______________________________

☆ ☆ ☆ ☆ ☆

Fotografía: _______________________________

☆ ☆ ☆ ☆ ☆

Efectos Visuales/Animación _______________________________

☆ ☆ ☆ ☆ ☆

Vestuario: _______________________________

☆ ☆ ☆ ☆ ☆

Banda Sonora: _______________________________

☆ ☆ ☆ ☆ ☆

CALIFICACIÓN FINAL: ☆ ☆ ☆ ☆ ☆ _______ **estrellas**

Comentarios: _______________________________

____

____

____

TÍTULO: ____

Año: _________   Género: ___________   Fecha visionado: _________

Director: ____

☆ ☆ ☆ ☆ ☆

Reparto: ____

____

☆ ☆ ☆ ☆ ☆

Guión: ____

☆ ☆ ☆ ☆ ☆

Fotografía: ____

☆ ☆ ☆ ☆ ☆

Efectos Visuales/Animación_______________________________

☆ ☆ ☆ ☆ ☆

Vestuario: ____

☆ ☆ ☆ ☆ ☆

Banda Sonora: ____

☆ ☆ ☆ ☆ ☆

CALIFICACIÓN FINAL: ☆ ☆ ☆ ☆ ☆   _________ estrellas

Comentarios: ____

____

____

____

TÍTULO: ....

Año: .... Género: .... Fecha visionado: ....

Director: ....

☆ ☆ ☆ ☆ ☆

Reparto: ....

....

☆ ☆ ☆ ☆ ☆

Guión: ....

☆ ☆ ☆ ☆ ☆

Fotografía: ....

☆ ☆ ☆ ☆ ☆

Efectos Visuales/Animación ....

☆ ☆ ☆ ☆ ☆

Vestuario: ....

☆ ☆ ☆ ☆ ☆

Banda Sonora: ....

☆ ☆ ☆ ☆ ☆

CALIFICACIÓN FINAL: ☆ ☆ ☆ ☆ ☆ ____________ estrellas

Comentarios: ....

....

....

....

TÍTULO: _______________________________

Año: _______ Género: _______________ Fecha visionado: _______

Director: _______________________________

☆ ☆ ☆ ☆ ☆

Reparto: _______________________________

____

☆ ☆ ☆ ☆ ☆

Guión: _______________________________

☆ ☆ ☆ ☆ ☆

Fotografía: _______________________________

☆ ☆ ☆ ☆ ☆

Efectos Visuales/Animación _______________________________

☆ ☆ ☆ ☆ ☆

Vestuario: _______________________________

☆ ☆ ☆ ☆ ☆

Banda Sonora: _______________________________

☆ ☆ ☆ ☆ ☆

CALIFICACIÓN FINAL: ☆ ☆ ☆ ☆ ☆ _______ estrellas

Comentarios:

____

____

____

____

TÍTULO: ____

Año: _________ Género: _____________ Fecha visionado: _________

Director: ____

☆☆☆☆☆

Reparto: ____

____

☆☆☆☆☆

Guión: ____

☆☆☆☆☆

Fotografía: ____

☆☆☆☆☆

Efectos Visuales/Animación _______________________________

☆☆☆☆☆

Vestuario: ____

☆☆☆☆☆

Banda Sonora: ____

☆☆☆☆☆

CALIFICACIÓN FINAL: ☆☆☆☆☆ __________ estrellas

Comentarios: ____

____

____

____

TÍTULO: ____

Año: _________ Género: _____________ Fecha visionado: _________

Director: ____

☆ ☆ ☆ ☆ ☆

Reparto: ____

____

☆ ☆ ☆ ☆ ☆

Guión: ____

☆ ☆ ☆ ☆ ☆

Fotografía: ____

☆ ☆ ☆ ☆ ☆

Efectos Visuales/Animación ____

☆ ☆ ☆ ☆ ☆

Vestuario: ____

☆ ☆ ☆ ☆ ☆

Banda Sonora: ____

☆ ☆ ☆ ☆ ☆

CALIFICACIÓN FINAL: ☆ ☆ ☆ ☆ ☆ _________ estrellas

Comentarios: ____

____

____

____

TÍTULO:___________________________________

Año:________ **Género:**___________ **Fecha visionado:**________

Director:___________________________________

☆ ☆ ☆ ☆ ☆

Reparto:___________________________________

____

☆ ☆ ☆ ☆ ☆

Guión:___________________________________

☆ ☆ ☆ ☆ ☆

Fotografía:___________________________________

☆ ☆ ☆ ☆ ☆

Efectos Visuales/Animación___________________________________

☆ ☆ ☆ ☆ ☆

Vestuario:___________________________________

☆ ☆ ☆ ☆ ☆

Banda Sonora:___________________________________

☆ ☆ ☆ ☆ ☆

CALIFICACIÓN FINAL: ☆ ☆ ☆ ☆ ☆ ________ **estrellas**

Comentarios:___________________________________

____

____

____

TÍTULO:

Año: ___________ Género: _______________ Fecha visionado: ___________

Director:

Reparto:

Guión:

Fotografía:

Efectos Visuales/Animación

Vestuario:

Banda Sonora:

CALIFICACIÓN FINAL: ⭐⭐⭐⭐⭐ ___________ estrellas

Comentarios:

TÍTULO: ....

Año: _________ Género: ______________ Fecha visionado: __________

Director: ____

☆ ☆ ☆ ☆ ☆

Reparto: ____

____

☆ ☆ ☆ ☆ ☆

Guión: ____

☆ ☆ ☆ ☆ ☆

Fotografía: ____

☆ ☆ ☆ ☆ ☆

Efectos Visuales/Animación______________________________

☆ ☆ ☆ ☆ ☆

Vestuario: ____

☆ ☆ ☆ ☆ ☆

Banda Sonora: ____

☆ ☆ ☆ ☆ ☆

CALIFICACIÓN FINAL: ☆ ☆ ☆ ☆ ☆ __________ estrellas

Comentarios: ____

____

____

____

TÍTULO: _______________________________

Año: ________   Género: ____________   Fecha visionado: ________

Director: _______________________________

☆ ☆ ☆ ☆ ☆

Reparto: _______________________________

____

☆ ☆ ☆ ☆ ☆

Guión: _______________________________

☆ ☆ ☆ ☆ ☆

Fotografía: _______________________________

☆ ☆ ☆ ☆ ☆

Efectos Visuales/Animación _______________________________

☆ ☆ ☆ ☆ ☆

Vestuario: _______________________________

☆ ☆ ☆ ☆ ☆

Banda Sonora: _______________________________

☆ ☆ ☆ ☆ ☆

CALIFICACIÓN FINAL: ☆ ☆ ☆ ☆ ☆ ________ estrellas

Comentarios:

____

____

____

____

TÍTULO: ____

Año: _________ **Género:** _____________ **Fecha visionado:** _________

Director: ____

☆ ☆ ☆ ☆ ☆

Reparto: ____

____

☆ ☆ ☆ ☆ ☆

Guión: ____

☆ ☆ ☆ ☆ ☆

Fotografía: ____

☆ ☆ ☆ ☆ ☆

Efectos Visuales/Animación ___________________________

☆ ☆ ☆ ☆ ☆

Vestuario: ____

☆ ☆ ☆ ☆ ☆

Banda Sonora: ____

☆ ☆ ☆ ☆ ☆

CALIFICACIÓN FINAL: ☆ ☆ ☆ ☆ ☆ __________ **estrellas**

Comentarios: ____

____

____

____

TÍTULO: _______________________________

Año: _______ Género: _______ Fecha visionado: _______

Director: _______________________________

☆☆☆☆☆

Reparto: _______________________________

____

☆☆☆☆☆

Guión: _______________________________

☆☆☆☆☆

Fotografía: _______________________________

☆☆☆☆☆

Efectos Visuales/Animación _______________________________

☆☆☆☆☆

Vestuario: _______________________________

☆☆☆☆☆

Banda Sonora: _______________________________

☆☆☆☆☆

CALIFICACIÓN FINAL: ☆☆☆☆☆ _______ estrellas

Comentarios: _______________________________

____

____

____

TÍTULO: _______________________________________

Año: _________ Género: _____________ Fecha visionado: _________

Director: _______________________________________
☆☆☆☆☆

Reparto: _______________________________________

____
☆☆☆☆☆

Guión: _______________________________________
☆☆☆☆☆

Fotografía: _______________________________________
☆☆☆☆☆

Efectos Visuales/Animación _______________________________________
☆☆☆☆☆

Vestuario: _______________________________________
☆☆☆☆☆

Banda Sonora: _______________________________________
☆☆☆☆☆

CALIFICACIÓN FINAL: ☆☆☆☆☆ _________ estrellas

Comentarios:
____
____
____

TÍTULO: ____

Año: _________ Género: _________ Fecha visionado: _________

Director: ____

☆ ☆ ☆ ☆ ☆

Reparto: ____

____

☆ ☆ ☆ ☆ ☆

Guión: ____

☆ ☆ ☆ ☆ ☆

Fotografía: ____

☆ ☆ ☆ ☆ ☆

Efectos Visuales/Animación ____

☆ ☆ ☆ ☆ ☆

Vestuario: ____

☆ ☆ ☆ ☆ ☆

Banda Sonora: ____

☆ ☆ ☆ ☆ ☆

CALIFICACIÓN FINAL: ☆ ☆ ☆ ☆ ☆ _________ estrellas

Comentarios:
____
____
____
____

TÍTULO: _______________________________

Año: _______ Género: _______ Fecha visionado: _______

Director: _______________________________

☆ ☆ ☆ ☆ ☆

Reparto: _______________________________

____

☆ ☆ ☆ ☆ ☆

Guión: _______________________________

☆ ☆ ☆ ☆ ☆

Fotografía: _______________________________

☆ ☆ ☆ ☆ ☆

Efectos Visuales/Animación _______________________________

☆ ☆ ☆ ☆ ☆

Vestuario: _______________________________

☆ ☆ ☆ ☆ ☆

Banda Sonora: _______________________________

☆ ☆ ☆ ☆ ☆

CALIFICACIÓN FINAL: ☆ ☆ ☆ ☆ ☆ _______ estrellas

Comentarios: _______________________________

____

____

____

TÍTULO:

Año: Género: Fecha visionado:

Director:

Reparto:

Guión:

Fotografía:

Efectos Visuales/Animación

Vestuario:

Banda Sonora:

CALIFICACIÓN FINAL: ______________ estrellas

Comentarios:

TÍTULO: ____

Año: __________ Género: __________ Fecha visionado: __________

Director: ____

☆☆☆☆☆

Reparto: ____

____

☆☆☆☆☆

Guión: ____

☆☆☆☆☆

Fotografía: ____

☆☆☆☆☆

Efectos Visuales/Animación ____

☆☆☆☆☆

Vestuario: ____

☆☆☆☆☆

Banda Sonora: ____

☆☆☆☆☆

CALIFICACIÓN FINAL: ☆☆☆☆☆ __________ estrellas

Comentarios: ____

____

____

____

TÍTULO: ____

Año: _________ Género: _____________ Fecha visionado: _________

Director: ____

☆ ☆ ☆ ☆ ☆

Reparto: ____

____

☆ ☆ ☆ ☆ ☆

Guión: ____

☆ ☆ ☆ ☆ ☆

Fotografía: ____

☆ ☆ ☆ ☆ ☆

Efectos Visuales/Animación ____________________________

☆ ☆ ☆ ☆ ☆

Vestuario: ____

☆ ☆ ☆ ☆ ☆

Banda Sonora: ____

☆ ☆ ☆ ☆ ☆

CALIFICACIÓN FINAL: ☆ ☆ ☆ ☆ ☆ _________ estrellas

Comentarios: ____

____

____

____

TÍTULO: _______________________________________

Año: _________ Género: _________ Fecha visionado: _________

Director: _______________________________________

☆☆☆☆☆

Reparto: _______________________________________

____

☆☆☆☆☆

Guión: _______________________________________

☆☆☆☆☆

Fotografía: _______________________________________

☆☆☆☆☆

Efectos Visuales/Animación _______________________________________

☆☆☆☆☆

Vestuario: _______________________________________

☆☆☆☆☆

Banda Sonora: _______________________________________

☆☆☆☆☆

CALIFICACIÓN FINAL: ☆☆☆☆☆ _________ estrellas

Comentarios:

____

____

____

____

TÍTULO: ____

Año: _________ Género: _____________ Fecha visionado: _________

Director: ____

☆ ☆ ☆ ☆ ☆

Reparto: ____

____

☆ ☆ ☆ ☆ ☆

Guión: ____

☆ ☆ ☆ ☆ ☆

Fotografía: ____

☆ ☆ ☆ ☆ ☆

Efectos Visuales/Animación ____

☆ ☆ ☆ ☆ ☆

Vestuario: ____

☆ ☆ ☆ ☆ ☆

Banda Sonora: ____

☆ ☆ ☆ ☆ ☆

CALIFICACIÓN FINAL: ☆ ☆ ☆ ☆ ☆ _____________ estrellas

Comentarios: ____

____

____

____

TÍTULO:

Año: Género: Fecha visionado:

Director:

Reparto:

Guión:

Fotografía:

Efectos Visuales/Animación

Vestuario:

Banda Sonora:

CALIFICACIÓN FINAL: _____________ estrellas

Comentarios:

TÍTULO: _______________________________

Año: _______ **Género:** _______ **Fecha visionado:** _______

Director: _______________________________

☆ ☆ ☆ ☆ ☆

Reparto: _______________________________

____

☆ ☆ ☆ ☆ ☆

Guión: _______________________________

☆ ☆ ☆ ☆ ☆

Fotografía: _______________________________

☆ ☆ ☆ ☆ ☆

Efectos Visuales/Animación _______________________________

☆ ☆ ☆ ☆ ☆

Vestuario: _______________________________

☆ ☆ ☆ ☆ ☆

Banda Sonora: _______________________________

☆ ☆ ☆ ☆ ☆

CALIFICACIÓN FINAL: ☆ ☆ ☆ ☆ ☆ _______ **estrellas**

Comentarios: _______________________________

____

____

____

TÍTULO: ____

Año: __________ Género: ______________ Fecha visionado: __________

Director: ____

☆ ☆ ☆ ☆ ☆

Reparto: ____
____

☆ ☆ ☆ ☆ ☆

Guión: ____

☆ ☆ ☆ ☆ ☆

Fotografía: ____

☆ ☆ ☆ ☆ ☆

Efectos Visuales/Animación ____

☆ ☆ ☆ ☆ ☆

Vestuario: ____

☆ ☆ ☆ ☆ ☆

Banda Sonora: ____

☆ ☆ ☆ ☆ ☆

CALIFICACIÓN FINAL: ☆ ☆ ☆ ☆ ☆ __________ estrellas

Comentarios:
____
____
____

TÍTULO: ____

Año: _________ **Género:** _______________ **Fecha visionado:** _________

Director: ____

☆☆☆☆☆

Reparto: ____

____

☆☆☆☆☆

Guión: ____

☆☆☆☆☆

Fotografía: ____

☆☆☆☆☆

Efectos Visuales/Animación ______________________________

☆☆☆☆☆

Vestuario: ____

☆☆☆☆☆

Banda Sonora: ____

☆☆☆☆☆

CALIFICACIÓN FINAL: ☆☆☆☆☆ _________ **estrellas**

Comentarios: ____

____

____

____

TÍTULO: _______________________________________

Año: _________ Género: _______________ Fecha visionado: _________

Director: ______________________________________
☆ ☆ ☆ ☆ ☆

Reparto: _______________________________________

____
☆ ☆ ☆ ☆ ☆

Guión: ____
☆ ☆ ☆ ☆ ☆

Fotografía: ____________________________________
☆ ☆ ☆ ☆ ☆

Efectos Visuales/Animación ____________________
☆ ☆ ☆ ☆ ☆

Vestuario: _____________________________________
☆ ☆ ☆ ☆ ☆

Banda Sonora: __________________________________
☆ ☆ ☆ ☆ ☆

CALIFICACIÓN FINAL: ☆ ☆ ☆ ☆ ☆ _________ estrellas

Comentarios:
____
____
____
____

TÍTULO: ____

Año: _________   Género: ______________   Fecha visionado: __________

Director: ____

☆ ☆ ☆ ☆ ☆

Reparto: ____

____

☆ ☆ ☆ ☆ ☆

Guión: ____

☆ ☆ ☆ ☆ ☆

Fotografía: ____

☆ ☆ ☆ ☆ ☆

Efectos Visuales/Animación ____

☆ ☆ ☆ ☆ ☆

Vestuario: ____

☆ ☆ ☆ ☆ ☆

Banda Sonora: ____

☆ ☆ ☆ ☆ ☆

CALIFICACIÓN FINAL: ☆ ☆ ☆ ☆ ☆ __________ estrellas

Comentarios: ____

____

____

____

TÍTULO: ____

Año: ________ Género: ____________ Fecha visionado: ________

Director: ____

☆ ☆ ☆ ☆ ☆

Reparto: ____

____

☆ ☆ ☆ ☆ ☆

Guión: ____

☆ ☆ ☆ ☆ ☆

Fotografía: ____

☆ ☆ ☆ ☆ ☆

Efectos Visuales/Animación ___________________________

☆ ☆ ☆ ☆ ☆

Vestuario: ____

☆ ☆ ☆ ☆ ☆

Banda Sonora: _______________________________________

☆ ☆ ☆ ☆ ☆

CALIFICACIÓN FINAL: ☆ ☆ ☆ ☆ ☆ ____________ estrellas

Comentarios: ____

____

____

____

TÍTULO: ____

Año: _________ Género: _____________ Fecha visionado: _________

Director: ____

☆ ☆ ☆ ☆ ☆

Reparto: ____

____

☆ ☆ ☆ ☆ ☆

Guión: ____

☆ ☆ ☆ ☆ ☆

Fotografía: ____

☆ ☆ ☆ ☆ ☆

Efectos Visuales/Animación ______________________________

☆ ☆ ☆ ☆ ☆

Vestuario: ____

☆ ☆ ☆ ☆ ☆

Banda Sonora: ____

☆ ☆ ☆ ☆ ☆

CALIFICACIÓN FINAL: ☆ ☆ ☆ ☆ ☆   _________ estrellas

Comentarios:
____
____
____
____

TÍTULO: ____

Año: _________   Género: _______________   Fecha visionado: _________

Director: ____

☆ ☆ ☆ ☆ ☆

Reparto: ____

____

☆ ☆ ☆ ☆ ☆

Guión: ____

☆ ☆ ☆ ☆ ☆

Fotografía: ____

☆ ☆ ☆ ☆ ☆

Efectos Visuales/Animación ____________________________

☆ ☆ ☆ ☆ ☆

Vestuario: ____

☆ ☆ ☆ ☆ ☆

Banda Sonora: ____

☆ ☆ ☆ ☆ ☆

CALIFICACIÓN FINAL: ☆ ☆ ☆ ☆ ☆ __________ estrellas

Comentarios: ____

____

____

____

TÍTULO: ____

Año: _________ **Género:** ___________ **Fecha visionado:** __________

Director: ____

☆ ☆ ☆ ☆ ☆

Reparto: ____

____

☆ ☆ ☆ ☆ ☆

Guión: ____

☆ ☆ ☆ ☆ ☆

Fotografía: ____

☆ ☆ ☆ ☆ ☆

Efectos Visuales/Animación ___________________________

☆ ☆ ☆ ☆ ☆

Vestuario: ____

☆ ☆ ☆ ☆ ☆

Banda Sonora: ____

☆ ☆ ☆ ☆ ☆

CALIFICACIÓN FINAL: ☆ ☆ ☆ ☆ ☆   _______ **estrellas**

Comentarios: ____

____

____

____

TÍTULO: ____

Año: _________ Género: _____________ Fecha visionado: _________

Director: ____
☆☆☆☆☆

Reparto: ____
____
☆☆☆☆☆

Guión: ____
☆☆☆☆☆

Fotografía: ____
☆☆☆☆☆

Efectos Visuales/Animación _______________________________
☆☆☆☆☆

Vestuario: ____
☆☆☆☆☆

Banda Sonora: ____
☆☆☆☆☆

CALIFICACIÓN FINAL: ☆☆☆☆☆ _________ estrellas

Comentarios: ____
____
____
____

TÍTULO: ....

Año: .... Género: .... Fecha visionado: ....

Director: ....

☆ ☆ ☆ ☆ ☆

Reparto: ....

....

☆ ☆ ☆ ☆ ☆

Guión: ....

☆ ☆ ☆ ☆ ☆

Fotografía: ....

☆ ☆ ☆ ☆ ☆

Efectos Visuales/Animación ....

☆ ☆ ☆ ☆ ☆

Vestuario: ....

☆ ☆ ☆ ☆ ☆

Banda Sonora: ....

☆ ☆ ☆ ☆ ☆

CALIFICACIÓN FINAL: ☆ ☆ ☆ ☆ ☆ ________ estrellas

Comentarios: ....

....

....

TÍTULO: ____

Año: _________ **Género:** _____________ **Fecha visionado:** _________

Director: ____

☆ ☆ ☆ ☆ ☆

Reparto: ____

____

☆ ☆ ☆ ☆ ☆

Guión: ____

☆ ☆ ☆ ☆ ☆

Fotografía: ____

☆ ☆ ☆ ☆ ☆

Efectos Visuales/Animación ____________________________

☆ ☆ ☆ ☆ ☆

Vestuario: ____

☆ ☆ ☆ ☆ ☆

Banda Sonora: ____

☆ ☆ ☆ ☆ ☆

CALIFICACIÓN FINAL: ☆ ☆ ☆ ☆ ☆ _________ **estrellas**

Comentarios: ____

____

____

____

TÍTULO:_______________________________________

Año: _________ **Género:** _____________ **Fecha visionado:** _________

Director: _____________________________________

☆ ☆ ☆ ☆ ☆

Reparto: ______________________________________

____

☆ ☆ ☆ ☆ ☆

Guión: ____

☆ ☆ ☆ ☆ ☆

Fotografía: ____________________________________

☆ ☆ ☆ ☆ ☆

Efectos Visuales/Animación_____________________

☆ ☆ ☆ ☆ ☆

Vestuario: _____________________________________

☆ ☆ ☆ ☆ ☆

Banda Sonora: _________________________________

☆ ☆ ☆ ☆ ☆

CALIFICACIÓN FINAL: ☆ ☆ ☆ ☆ ☆ _________ **estrellas**

Comentarios: ___________________________________

____

____

____

TÍTULO: _______________________________

Año: _______ **Género:** _______ **Fecha visionado:** _______

Director: _______________________________

☆ ☆ ☆ ☆ ☆

Reparto: _______________________________

____

☆ ☆ ☆ ☆ ☆

Guión: _______________________________

☆ ☆ ☆ ☆ ☆

Fotografía: _______________________________

☆ ☆ ☆ ☆ ☆

Efectos Visuales/Animación _______________________________

☆ ☆ ☆ ☆ ☆

Vestuario: _______________________________

☆ ☆ ☆ ☆ ☆

Banda Sonora: _______________________________

☆ ☆ ☆ ☆ ☆

CALIFICACIÓN FINAL: ☆ ☆ ☆ ☆ ☆ _______ **estrellas**

Comentarios:

____

____

____

TÍTULO:____

Año: _________   Género: ________________   Fecha visionado: _________

Director:____

☆ ☆ ☆ ☆ ☆

Reparto: ____

____

☆ ☆ ☆ ☆ ☆

Guión: ____

☆ ☆ ☆ ☆ ☆

Fotografía: ____

☆ ☆ ☆ ☆ ☆

Efectos Visuales/Animación____

☆ ☆ ☆ ☆ ☆

Vestuario: ____

☆ ☆ ☆ ☆ ☆

Banda Sonora: ____

☆ ☆ ☆ ☆ ☆

CALIFICACIÓN FINAL: ☆ ☆ ☆ ☆ ☆   _________ estrellas

Comentarios:
____
____
____
____

TÍTULO: _______________________________________

Año: _________ Género: _____________ Fecha visionado: _____________

Director: ______________________________________

☆ ☆ ☆ ☆ ☆

Reparto: _______________________________________

____

☆ ☆ ☆ ☆ ☆

Guión: ____

☆ ☆ ☆ ☆ ☆

Fotografía: ____________________________________

☆ ☆ ☆ ☆ ☆

Efectos Visuales/Animación ____________________

☆ ☆ ☆ ☆ ☆

Vestuario: _____________________________________

☆ ☆ ☆ ☆ ☆

Banda Sonora: __________________________________

☆ ☆ ☆ ☆ ☆

CALIFICACIÓN FINAL: ☆ ☆ ☆ ☆ ☆ __________ estrellas

Comentarios: ___________________________________

____

____

____

TÍTULO: _______________________________

Año: _________ Género: _________ Fecha visionado: _________

Director: _______________________________

☆ ☆ ☆ ☆ ☆

Reparto: _______________________________

____

☆ ☆ ☆ ☆ ☆

Guión: _______________________________

☆ ☆ ☆ ☆ ☆

Fotografía: _______________________________

☆ ☆ ☆ ☆ ☆

Efectos Visuales/Animación _______________________________

☆ ☆ ☆ ☆ ☆

Vestuario: _______________________________

☆ ☆ ☆ ☆ ☆

Banda Sonora: _______________________________

☆ ☆ ☆ ☆ ☆

CALIFICACIÓN FINAL: ☆ ☆ ☆ ☆ ☆ _________ estrellas

Comentarios: _______________________________

____

____

TÍTULO: ____

Año: _________ **Género:** _____________ **Fecha visionado:** _________

Director: ____

☆ ☆ ☆ ☆ ☆

Reparto: ____

____

☆ ☆ ☆ ☆ ☆

Guión: ____

☆ ☆ ☆ ☆ ☆

Fotografía: ____

☆ ☆ ☆ ☆ ☆

Efectos Visuales/Animación ___________________________

☆ ☆ ☆ ☆ ☆

Vestuario: ____

☆ ☆ ☆ ☆ ☆

Banda Sonora: ____

☆ ☆ ☆ ☆ ☆

CALIFICACIÓN FINAL: ☆ ☆ ☆ ☆ ☆ ___________ **estrellas**

Comentarios: ____

____

____

____

TÍTULO: ____

Año: _________   Género: _______________   Fecha visionado: _________

Director: ____

☆ ☆ ☆ ☆ ☆

Reparto: ____

____

☆ ☆ ☆ ☆ ☆

Guión: ____

☆ ☆ ☆ ☆ ☆

Fotografía: ____

☆ ☆ ☆ ☆ ☆

Efectos Visuales/Animación ____

☆ ☆ ☆ ☆ ☆

Vestuario: ____

☆ ☆ ☆ ☆ ☆

Banda Sonora: ____

☆ ☆ ☆ ☆ ☆

CALIFICACIÓN FINAL: ☆ ☆ ☆ ☆ ☆ _________ estrellas

Comentarios: ____

____

____

____

TÍTULO: ____

Año: _________ Género: _____________ Fecha visionado: _________

Director: ____

Reparto: ____

____

Guión: ____

Fotografía: ____

Efectos Visuales/Animación ____

Vestuario: ____

Banda Sonora: ____

CALIFICACIÓN FINAL: ☆ ☆ ☆ ☆ ☆ _________ estrellas

Comentarios: ____

____

____

TÍTULO: ____

Año: _________ Género: ______________ Fecha visionado: _________

Director: ____

☆ ☆ ☆ ☆ ☆

Reparto: ____

____

☆ ☆ ☆ ☆ ☆

Guión: ____

☆ ☆ ☆ ☆ ☆

Fotografía: ____

☆ ☆ ☆ ☆ ☆

Efectos Visuales/Animación _______________________________

☆ ☆ ☆ ☆ ☆

Vestuario: ____

☆ ☆ ☆ ☆ ☆

Banda Sonora: ____

☆ ☆ ☆ ☆ ☆

CALIFICACIÓN FINAL: ☆ ☆ ☆ ☆ ☆ _________ estrellas

Comentarios: ____

____

____